Impressum:

© 2020 by Patrick R. Schenk

1. Auflage 2020

Herstellung und Verlag: Books on Demand, Norderstedt

Umschlagdesign & Layout: Steffen Schenk

ISBN: 9783752646221

Fragmente

Gedichte und andere Sachen,
die Freude machen

sollen.

Was blieb – was bleiben mußte:
Weicher Kern und harte Kruste

Vorwort von Anke Arndt

So hart wie Patrick R. Schenk die Kruste in der Widmung zu seinem neuesten Gedichtband „Fragmente" ankündigt, ist sie gar nicht. Im Gegenteil: Der Leser hangelt sich durch vielerlei männliche Weichteile, deren mehr oder weniger erfolgreiche und mehr oder weniger tiefgehende Exkursionen in weibliche Weichteile er begleiten und sehr lebendig miterleben darf. Der Kern dagegen ist keineswegs weich, sondern eine verdichtete Erkenntnis über das Leben und die Welt.

Die „Fragmente", das sind Liebesgedichte, die den Leser über unverhoffte Reime stolpern und sich amüsiert wieder fangen lassen, aber auch durch derbe Offenheit die Abgründe der menschlichen Liebe aufzeigen. Und das sind Gedichte, die den Ursprung des Lebens erforschen, seinen Lauf verfolgen und sein unheilvolles Ende heraufbeschwören. Hier gibt sich der Dichter mal desillusioniert, mal optimistisch auf die eigene Freiheit hoffend und zu neuen Taten aufrufend. Nach Zorn und Tod und Teufel findet Patrick R. Schenk am Ende seiner Sammlung Frieden und Kraft, wächst emanzipiert über sich selbst hinaus und wagt sich schließlich an die „Frau Welt" eines großen Vorbildes.

Auszug aus Walther von der Vogelweides Abschied:
Frau welt, ich hab von dir getrunken
zu lang, entwöhne mich, s ist zeit
nun hock ich hier, in gram versunken
wie trog mich deine zärtlichkeit

In dem vorliegenden Band teilt Patrick R. Schenk mit uns seine Gedichte, die die derben Sinnenfreuden und das Glück der Welt zeigen und Gedichte, die die Kehrseite der „Frau Welt" enthüllen, ihre wahre Natur, von der es sich zu emanzipieren gilt. Genau wie die Skulptur der Frau Welt am Wormser Dom so zeigt Patrick R. Schenk in seinem Werk diese zwei Seiten und lädt uns ein, hinter die Dinge zu schauen. Kann es in der heutigen Zeit ein passenderes Werk geben?!

Prosa ist rosa

Was soll ich sagen
Treues Herz?
Ich kann nur klagen
Voller Schmerz!

Doch weiß ich wohl
Woher es kommt.
Denn lieb ich Dich,
Dann kommt
Ganz prompt
Ein Klempner, der alles verplombt.

Zorn

Zorn und Haß
Im Tintenfaß
Färben blau,
Was weiß einst war.
Vernichtet ist die Menschenschar,
Die Neues hat erschafft.
Jetzt ist sie dahingerafft.

Dichter

Dichter sind meist Opfer ihrer Zeit,
Mal dick, mal dünn, mal wohlbeleibt.
Sie haben Schwierigkeiten mit so manchem Reim
Und oftmals fällt dem Dichter gar nichts ein.
Mir geht es so mit dem Wort Himmel,
Denn darauf reimt sich ja nur Schimmel.

Tenor

Die Klage, sie wird abgewiesen.
Der Kläger bleibt in seinen Miesen.
Der Beklagte freut sich, lächelt heiter,
Macht mit den Geschäften weiter.
Der Anwalt bekommt gar kein Geld,
Weil dies dem Staate so gefällt.
Vollstreckt kann auch nicht werden.
So ist es halt auf Deutschlands Erden.

Kreisverkehr

Der Kreis
Voll Fleiß
Ist rund.
Du sagst: "Salat ist so gesund."
Drum ess' ich ihn mit meinem Mund.
Und:
Denke an Kreise –

Du hast wohl 'ne Meise,
Verpiss' mich jetzt leise
Aus einem einzigen Grund:

Ich liebe Ecken,
Kann mich verstecken,
Scheiße auf Kreise,
Die Salatspeise,
Bleib' was ich bin:
Kantig und eckig und ohnehin
Auf ständiger Reise.

Vogelgezwitscher

„Auf einem Bein – da steht's sich schlecht"
Sagte die Amsel zu dem Specht.
Drum steht sie fest mit beiden Beinen
Auf ihrem Ast, sie hat nur einen.
„Es ist schon recht"
Sagte der Specht
Und stieß der Amsel ins Geschlecht.
Und die Moral von der Geschicht':
Vögel zwitschert, aber sprecht bloß nicht.

Der Pinguin

Der Pinguin, der Pinguin
Der liebte eine Tigerin
Und die mit viel Manier
Verspeist das Schnabeltier
Bei ihr geht Liebe durch den Magen,
Dem Pinguin ging's an den Kragen

RS 4/03

Nymphengarten

Ein kleines Nymphchen
Saß nackt am Sümpfchen,
Ging ganz ohne Strümpfchen
Zu mir.

Ich musste warten
In diesem Garten
Und trank dabei schüchtern ein Bier.

Das Nymphchen war prächtig,
Seine Brüste sehr mächtig.
Es trat dann bedächtig
An mich heran.

Ich war verlegen,
Konnt' mich gar nicht bewegen
Und fühlte mich kaum mehr als Mann.

Das Nymphchen sprach heftig,
Mit einer Stimme sehr kräftig
Und blies mir verächtlich
Rauch ins Gesicht.

Mein Teint wurde grau,
Die Lippen ganz blau
Ich fühlte mich plötzlich als Frau.

→

Neu sah ich die Nymphe
Um mich auch die Sümpfe
Und spürte jetzt Strümpfe
Um meinen Hals.
Ein Traum war der Garten,
Illusion war das Warten
Und alles, was ich hab' gesehen.

Um mich ist's geschehen.
Ich weiß, ich muß gehen.
In Sümpfen, statt Seen
Bin ich von nun an gefangen.

Nun selbst eine Nymphe
Lieb' ich diese Sümpfe
Und spiele die Trümpfe
Voll aus.

Im Zaubern ganz groß,
Als Magier famos
Hol' ich das Beste aus mir heraus.

Natürlich

Natürlich ist sie schön und zart.
Natürlich lächelt sie apart.
Natürlich ist ihr ganzes Wesen.
Natürlich ist die Zeit gewesen,
Die ich mit ihr verbracht,
Jeden Tag und jede Nacht.

Doch unnatürlich war die Liebe.
So voller Lust und voller Triebe.
Außergewöhnlich – wunderschön.
Werd' ich sie jemals wiederseh'n ?

Ich weiß es nicht,
Mir bleibt nur hoffen,
Doch ihr Gesicht
Macht mich besoffen.
In Rausch gerat' ich noch und nöcher
Denk ich an ihre geilen Löcher,
In denen ich so tief gesteckt
Und die ich hab' so nass geleckt.

Ich weiß nicht mehr – war es natürlich ?
Oder völlig ungebührlich ?
Doch scheißegal – so ist Natur !
Ich denke jetzt ans Ficken nur !

Muttermund

Der Schoß, aus dem wir sind entsprungen,
Mit diesem Mund, aus dem kein Lied ward je gesungen,
Mit solchen Lippen saftig, frisch und rot,
Die manchmal riechen streng nach Fisch, der tot,
Aus diesem Schoß erblickten wir das Leben.
Er ist und bleibt Geburtsstadt eben.

Fast jeder Mann möcht' wieder dort hinein,
Deswegen dringt er oft sehr tief da ein,
Schmeckt gerne auch die Quelle seines Lebens,
Doch eine Rückkehr ist für ihn vergebens.

Die Frauen mehr als kritisch sind,
Weil zyklisch nämlich Mond für Mond
Ein Ärgernis darinnen wohnt,
Was dann pausiert, wenn zu erwarten ist ein Kind.

Doch sprießt das Leben dann heraus
Und sieht so süß und niedlich aus,
Wächst langsam, stetig, hoch empor,
Tritt eine Wahrheit auch hervor:
Ein jeder Muttermund
Tut Wahrheit kund.

Hilfsbereitschaft

Der arme Mann
Von nebenan
Ist einer,
der's nicht lassen kann.

Doch leider hat der arme Wicht
In beiden Händen schlimme Gicht.

Drum hilft ihm stets Frau Emma Brand
Und leiht ihm gerne eine Hand.

Sie ist sehr gründlich, Gott sei Dank
Und wedelt alles blitzeblank.

Hilfsbereitschaft ist doch schön.
Frau Emma Brand: „Auf Wiederseh'n."

Nur Du

Zu Deinen Füßen darf ich liegen.
Du allein kannst mich besiegen.
Deine Küsse sind mein Leben.
Nur Du allein kannst mir vergeben.

Deine Stimme schenkt mir Kraft
Und Dein Odem ist mein Segen.
Du alleine hast geschafft,
Dass sich meine Sinne regen.

Und schlaf' ich abends friedlich ein,
Zu Deinen Füßen tief am Boden,
Weiß ich, hier kann ich glücklich sein,
Auf einer Matte alter Loden.

Ich danke Dir, für diesen Platz
Zu Füßen Deiner Göttlichkeit.
Ganz langsam und ganz ohne Hatz,
Hast Du mir meinen Rang gezeigt.

Herrin Julia

Herrin Julia ist super-heiß.
Sie duftet gut - riecht nicht nach Schweiß.
Ich denk' mir: was'n Scheiß...

Denn eigentlich ist sie der Hit.
Ganz ausrasiert in ihrem Schritt
Verpasst sie jedem Kerl doch einen Tritt.

Und wenn die Männer sich die Haare raufen
Scheißt sie auf jeden einen großen Haufen
Und geht sich dann was Schönes kaufen.

Vom Geld der blöden, geilen Böcke
Kauft sie sich schöne kurze Röcke
Und auch so manche schlimmen Stöcke,

Mit denen sie die Herrn verhaut
Und ihnen dann auch sehr versaut
erst den Verstand und dann die Kohle raubt.

Die Herren sind verrückt nach ihr
Trinken weder Wein noch Bier,
sondern gold'nen Nektar hier

In diesen dunklen Gruselräumen,
Wo Männer sich selten aufbäumen
Doch Herrinnen vor Wut oft schäumen,

➡

Wenn denn die blöde Männerwelt
Nicht tut, was Julia gefällt
Und dafür zahlt oft bares Geld.

Tja, liebe Leut', was soll ich sagen
Ich sah so manchen Julia tragen
Und sich für sie so richtig plagen.

Aus höchstem Spitzenmanagement
Hat mancher Herr, der wohl verklemmt,
Sich für die Herrin sehr verrenkt.

Diese Welt erscheint mir komisch
Und irgendwie ist sie doch logisch.
Denn wer die süße Macht geschmeckt
Braucht's, dass er manchmal Scheiße leckt.

So schließe ich mit diesem Wissen.
Entschuldigung, ich muß mal pissen.

Lug und Trug

Die alte Sau mit ihrem Rüssel
Frisst aus einer großen Schüssel
Und wälzt sich dann voll Repressalien
In ihren eigenen Fäkalien.

Die ganze Sache stinkt zum Himmel,
Kein Wunder, bei dem Riesenpimmel,
Der mir nicht echt zu sein scheint,
Ich glaub', sie hat was angeleimt.

Na ja, was soll's, sie hat betrogen,
Sich selbst und andere belogen,
Sie hatte immer schon 'ne Macke
Liegt darum jetzt in ihrer Kacke.

Lug und Betrug muss halt so enden,
Drum schreib' ich dies mit meinen Händen
Und werd' nicht müd' davon zu künden,
Wohin es führt mit all den Sünden.

Nämlich zum Schwein-sein immerzu –
In Mist und Dreck, da endest Du !

Stunde Null

Die längste Stunde meines Lebens.
Aussicht auf Rettung scheint vergebens.
Der Tod naht langsam – unheilvoll.
Weiß nicht mehr, was ich machen soll.
Ich bin am Ende meines Strebens.

Jetzt ist's soweit – ich kann's nicht fassen.
Die Luft wie Eis lässt mich erblassen.
Die Kehle ist mir zugeschnürt.
Ich seh' den Sensenmann der Rassen
Und werd' vor sein Gericht geführt.

Das Urteil kurz und bündig ist:
"Da du mir hier versprochen bist,
Will ich den Kopf vom Rumpf dir schneiden.
Doch keine Angst, du wirst nicht leiden."
Mit einem Hieb ist es vollbracht.
Um mich wird's dunkle, finst're Nacht.

Die "Stunde Null" bringt Dunkelheit;
Und davor ist kein Mensch gefeit.

Wieder frei

Wieder frei,
Es ist vorbei
Mit all der Angst
Und Hast
Und Last!
Stark sein
Darfst Du
Und Rast
Gibt Ruh'!
Vergiss' nur schnell,
Was früher war,
Im Flug
Vergeht ein Jahr.

Jetzt atme auf,
Genieß den Augenblick.
Freiheit durchströmt
Den ganzen Leib.
Mit viel Geschick
Hast Du gezeigt,
Dass des Lebens höchstes Gut
Die Freiheit ist,
Nur sie gibt Mut
Und lässt Dich leben.
Freiheit ist des Lebens Segen.

Auf, Auf

Auf, Auf zu neuen Taten
Schnapp' Dir einen Spaten
Und grab' Dich durch das Leben.
Es kann nichts Schön'res geben,
Als Neuem sich zu stellen,
Das dunkle Grau frisch aufzuhellen.

Schluss, Schluss mit altem Zagen,
Sollst ohne Weh und Klagen
Zu neuen Ufern Dich vorwagen.

Denn nur wer Altes abgeschüttelt
Und sich zu Neuem aufgerüttelt,
Kann die Erkenntnis schmecken,
Nach der sich alle Hände strecken.

Nur weise wird, wer weise handelt,
Die Welt und stetig sich verwandelt!

Ausweg

Weg –
Weg –
Ausweg.
Die Straße,
Den Weg kreuzend,
Führt doch ins Nichts.
Der Ausweg
Ist der Weg,
Der Weg das Leben.

Choral

Oh, Du mein Herr und Gott,
Der Du mich hier erschufst,
Ich dank' Dir immerfort
Bis Du mich zu Dir rufst.
Ob lichte Au, ob finst'rer Wald,
Du hieltest mich für würdig,
Auch ich bin eine Lichtgestalt,
Ich bin Dir ebenbürtig.

Legende

Goldene Bäche
Fließen.
Bunte Blumen
Sprießen,
Doch frostig
Ist die Luft.

Die Ufer sind weit.
Immer weniger Zeit
Verbleibt,
Für das Schreiben
Der alten Legende,
Welche handelt
Vom schlimmen Weltende –
Zur Zeitenwende.

Oh Welt

Oh Welt – Oh Graus,
Ich schrei's heraus,
Voll Zorn bin ich,
Voll Ärger gram,
Bin nicht mehr lieb,
Bin nicht mehr zahm.
Kann nur noch hassen,
Vom Zorn nicht lassen,
Da schlimmes Schicksal mich verletzt
Und schwere Schläge mir versetzt.

Hab' ich den Schicksalsteufel dann vernichtet,
Durch meinen Schrei gar hingerichtet,
Ich wieder frei bin,
Wieder zart,
Sich Sanftmut offenbart.
Oh Welt – Oh Fried',
So nimm' dies Lied
Und sei gedrückt,
Mein Herz hast Du beglückt.

Frau Welt *

Frau Welt ich hab' von Dir getrunken
Mein Gott, was hast Du nur gestunken.
Dein Atem ziemlich faulig war,
Dein Ausseh'n auch so sonderbar.

Frau Welt, was hast Du Dich verändert,
Bin einst so gern in Dir geschlendert.
Doch nun bist Du in Dir gefangen,
Für mich gibt's nur noch Angst und Bangen.

Frau Welt ich will Dich nun verlassen.
Ich hatte immer leere Kassen.
Du musst mich itzo ziehen lassen
Und mit mir alle Menschenrassen.

Frau Welt nun bist Du wieder ganz allein,
Darfst mit Dir selbst sehr glücklich sein.
So bist und bleibst Du gut und rein,
Musst fortan nur Dir selbst verzeih'n!

* frei nach Walther von der Vogelweide

Bildnachweis

Seite 9: Rosenstadt

Seite 19: Weiblicher Akt

Seite 29: Blaue Stunde

Seite 39: Erleuchtung

Aquarelle und Mischtechnik
von Rosemarie Schenk (1931 – 2017)
in Privatbesitz

Über den Autor

Patrick R. Schenk, Jahrgang 1968, studierte Rechts-wissenschaften, Geschichte und Psychologie an den Universitäten in Frankfurt am Main und Freiburg im Breisgau. Er veröffentlichte unter anderem Lyrik und Prosa im Pharus-Verlag, Berlin [Prettauer und Bockenheimer Gedichte, 1999].